BEI GRIN MACHT SICH IHR WISSEN BEZAHLT

- Wir veröffentlichen Ihre Hausarbeit, Bachelor- und Masterarbeit

- Ihr eigenes eBook und Buch - weltweit in allen wichtigen Shops

- Verdienen Sie an jedem Verkauf

Jetzt bei www.GRIN.com hochladen und kostenlos publizieren

Sabine Neureiter

Der Tempel als Kosmos. Sakralarchitektur am Beispiel des Luxor-Tempels

GRIN Verlag

Bibliografische Information der Deutschen Nationalbibliothek:

Die Deutsche Bibliothek verzeichnet diese Publikation in der Deutschen National-
bibliografie; detaillierte bibliografische Daten sind im Internet über http://dnb.d-
nb.de/ abrufbar.

Impressum:

Copyright © 2007 GRIN Verlag GmbH
Druck und Bindung: Books on Demand GmbH, Norderstedt Germany
ISBN: 978-3-656-50572-3

Dieses Buch bei GRIN:

http://www.grin.com/de/e-book/262181/der-tempel-als-kosmos-sakralarchitektur-
am-beispiel-des-luxor-tempels

GRIN - Your knowledge has value

Der GRIN Verlag publiziert seit 1998 wissenschaftliche Arbeiten von Studenten, Hochschullehrern und anderen Akademikern als eBook und gedrucktes Buch. Die Verlagswebsite www.grin.com ist die ideale Plattform zur Veröffentlichung von Hausarbeiten, Abschlussarbeiten, wissenschaftlichen Aufsätzen, Dissertationen und Fachbüchern.

Besuchen Sie uns im Internet:

http://www.grin.com/

http://www.facebook.com/grincom

http://www.twitter.com/grin_com

Der Tempel als Kosmos.
Sakralarchitektur
am Beispiel des Luxor-Tempels

Erstmals publiziert in:
Kemet - Die Zeitschrift für Ägyptenfreunde,
Luxor-Tempel,
Bd. 1, 2007, Kemet Verlag, Berlin, 31ff
(www.kemet.de)

von

Sabine Neureiter, M.A.

Vorwort

Bei meinen Kemet-Artikeln handelt es sich um Texte, in denen ich versuche auf wenigen Seiten viele Informationen zu liefern. Der inhaltliche Rahmen ergibt sich aus dem Titel-Thema der jeweiligen Kemet-Ausgabe. Alle Artikel in den Kemet-Magazinen sind bebildert; die Fotos ergänzen die Texte.

Mir war bei jedem einzelnen Artikel wichtig, nicht lediglich schon bekannte und überall nachzulesende Informationen zusammenzustellen und nachzuerzählen. Ich betrachte alle Themen aus einer über den Tellerrand der Ägyptologie hinausgehenden Perspektive und stelle oftmals Thesen in den Raum, die eine Diskussion anstoßen sollen. Es handelt sich dabei aber immer um begründete und nicht aus der Luft gegriffenen Überlegungen.

Für viele meiner Artikel bilden ethnologische, soziologische oder religionswissenschaftliche Ansätze den Rahmen, um alternative Sichtweisen zu ermöglichen. Dabei gehe ich durchaus – aus ägyptologischer Sicht – etwas provokativ an ein Thema heran. Aber immer nur mit dem Ziel, neue oder unbekanntere Aspekte darzustellen.

Um altbekannter Kritik von vornherein entgegenzutreten: Grundsätzlich ist ein über räumliche und zeitliche Grenzen hinwegreichender Kulturvergleich ebenso statthaft wie ein sich ausschließlich an die Originalquellen haltender Versuch, Erkenntnisse über die altägyptische Kultur zu gewinnen. Das Argument, es handle sich bei dem einen um eine anachronistische und bei dem anderen um die einzig akzeptable Vorgehensweise, greift nicht. Denn schließlich findet auch das sprachwissenschaftlich fundierte Interpretieren einer altägyptischen Originalquelle alles andere als zeitnah zu ihrer Entstehung statt. Und eine Quelle aus der ägyptischen Spätzeit ist immerhin auch schon zweitausend Jahre jünger als etwa eine aus der Pyramidenzeit, so dass die Interpretationsergebnisse der jüngeren Quelle als anachronistisch bewertet und zum Verständnis der älteren nicht herangezogen werden dürften, wollte man dieser Argumentation folgen.

Nicht nur der Kulturvergleich, sondern gerade auch der interdisziplinäre Ansatz erweitert unseren Verstehenshorizont. Dann finden sich Antworten auf Fragen, die sich aus ägyptologischer Sicht nie stellen würden und werfen Licht auf unbeachtete oder unbekannte kulturelle Phänomene. Auch scheinbar wissenschaftlich längst bearbeitete Bereiche müssen immer wieder auf den Prüfstand; allein, weil jedem Wissenschaftler und jeder Wissenschaftlerin eine subjektive Sichtweise zueigen ist und jeder Versuch, Subjektivität aus der Arbeit auszuschließen und reine Objektivität walten zu lassen, niemals gelingen kann.

Letztendlich kann es immer nur darum gehen, ein weiteres kleines Fenster zum Verständnis der altägyptischen Kultur aufzustoßen.

Der Tempel als Kosmos. Sakralarchitektur am Beispiel des Luxor-Tempels

Einführung

Ein Tempel ist ein komplexes symbolisches System - die architektonische Umsetzung einer Weltanschauung. Wir haben es im Alten Ägypten mit einer über Jahrhunderte und Jahrtausende gewachsene Weltsicht zu tun, die die sichtbare und die unsichtbare Welt, die diesseitige der Menschen und die jenseitige der Götter, umfasste. Und sie umfasste die Erkenntnis, dass das Weltgeschehen beeinflussbar ist – mittels magischer Handlungen, zu denen auch die Tempelrituale zählten.

Kosmos meint die harmonische Weltordnung und ist der Gegensatz zum ungeordneten Chaos. Vor der Schöpfung – der Einrichtung des geordneten Weltzustandes (*m3ᶜt*) durch den Schöpfer- und Sonnengott - herrschte ausschließlich das Chaos (*jsft*). Alles war ungeteilt und ungeordnet. Die Unordnung wurde durch die geschaffene Weltordnung zwar zurück gedrängt, bedrohte aber von Anbeginn an von allen Seiten und von allen Sphären diesen Kosmos mit seiner fragilen Harmonie. Ein altägyptischer Tempel – seine Größe, sein Prunk und seine Dauerhaftigkeit spielten dabei keine Rolle - war nicht nur ein Symbol für die göttliche Weltordnung, er war auch ein Bollwerk gegen das ununterbrochen an dem geordneten Weltzustand nagende Chaos. Er war der Ort, an dem der Kosmos aufrechterhalten wurde.

Tempelgründungsmythen sind Weltschöpfungsmythen

Im herrschenden König manifestierte sich zu allen Zeiten der Sonnen- und Schöpfergott. Aus diesem Grund hatten alle Entscheidungen des Königs einen tieferen, mythologisch begründeten Sinn und jede seiner Handlungen einen symbolischen Wert. Der folgenschweren Entscheidung einen Tempel zu bauen oder zu erweitern, folgten die magischen Handlungen in Form von Ritualen der Gründungszeremonie, wie dem Ausheben einer Baugrube, die bis zum Urgewässer Nun hinunter reichte, oder dem Aufschütten von Sand zum Urhügel. Denn die Gründung eines Tempels wurde als eine Wiederholung der Schöpfung betrachtet.[1]

Im Horus-Tempel von Edfu finden sich Inschriften, die vom Ursprung des Tempels, der mit dem Ursprung der Welt identisch ist, erzählen. Diese Gründungsmythen beschreiben die Erschaffung der Welt und damit zugleich des ersten Tempels durch den aus sich selbst heraus entstandenen falkengestaltigen Gott Horus. Die Welt als Tempel erhob sich mit dem Urhügel aus dem Urgewässer. In den Worten von Dieter Kurth schildern die Inschriften folgende Vorkommnisse: „Innerhalb einer Beschreibung der Stätten des Schöpfungsvorganges erfahren wir, daß das offenbar anfangs wilde Urwasser zur Mittagszeit in einem bestimmten Bereich ruhig wird. Schilf und Falke finden zueinander; das Schilf kommt aus der Tiefe des Urwassers, der Falke, der über der Flut kreiste, läßt sich auf dem Schilf nieder. Der Falke ist der zukünftige Himmel, und ihn trägt das Schilf; um das erste Schilf herum bildet sich das feste Land der Erde, und zwar nach dem Willen des Horus." In einer dieser Edfu-Inschriften ist Folgendes zu lesen: „Horus ist der Himmel, und fest ist das Nebit-Schilf, das den Horus trägt. Djeba-Schilf und Nebit-Schilf ist der Ka-Name von Djeba (Edfu) als Thronsitz-des-

---

[1] S. Erik Hornung, Geist der Pharaonenzeit, 1989, 118

Horus. Es entsteht ‚Djeba', und es entsteht ‚Thronsitz-des-Horus' als Namen dieser Stadt. ‚Groß werde das Uferland in der Umgebung des Landstückes beim Schilf', sagte Horus, ‚indem es fest bleibt in Ewigkeit als das, was den Füßen Halt gibt".[2]

Luxor-Tempel – Kosmos und Architektur

Im Vergleich zu vielen anderen altägyptischen Tempeln handelt es sich bei dem Luxor-Tempel um eine relativ ungewöhnliche Anlage. Er ist nicht ost-westlich, sondern nord-südlich ausgerichtet. Zudem weißt er zwar alle architektonischen Elemente eines Axialtempels auf - Pylone, offene Höfe, Kolonnaden und Hallen, durch die der Achsenweg direkt zum Allerheiligsten führt -, aber anders als bei den meisten anderen Tempeln steigt der Achsenweg nicht an.[3]

Da die Ausrichtung eines Tempels niemals willkürlich ist, ist davon auszugehen, dass der Sonnenlauf nicht der zentrale Aspekt des Kultbetriebs im Luxor-Tempel war. Der Tempel wurde nicht zum Sonnenauf- und Sonnenuntergang, sondern nach Norden zum Karnak-Tempel hin ausgerichtet, mit dem er durch eine etwa 2,5 Kilometer lange Sphingenallee verbunden war. Interessanter Weise befindet sich aber zwischen dem Barkensanktuar und dem Allerheiligsten der so genannte Zwölf-Säulensaal, der im Gegensatz zu allen anderen Räumen quer zur Nord-Süd-Achse, also ost-westlich ausgerichtet ist, was darauf hinweist, dass der Sonnenlauf in die hier vollzogen Kulthandlungen mit einbezogen war.[4]

Die über 200 Säulen des Luxor-Tempels haben alle die Form von Papyrusbündeln mit entweder offenen oder geschlossenen Kapitellen, die Papyrusdolden nachbilden.[5] Sie symbolisieren die ursprünglichen, sich aus dem Urgewässer Nun erhebenden Sumpfpflanzen, über denen sich der Sonnengott erhebt und als Himmel erstreckt. Die auf den Säulen abgebildeten Kiebitzvögel symbolisieren die Untertanen (*Rechit*), so dass im Tempel der Jubel und die Verehrung Ägyptens und der ganzen Welt gegenwärtig waren.[6]

Dieter Kurth fragt sich zu Recht, weshalb ein Tempel – und in der späteren Zeit umso mehr – als Welt so „überaus konsequent und ins Detail reichend" ausgestaltet wurde. Er hat darauf drei Antworten: Zum einen meint er, dass die Idee „Tempel als Welt" ein Eigenleben entwickelt habe. „Sie wurde weiter ausgesponnen, indem man, wo auch immer es sich anbot, Teile des irdischen Gebäudes mit Bestandteilen der Welt identifizierte". Zum anderen sei das Allerheiligste die eigentliche Wohnung eines Gottes und könne sich also nur „in einem intakten Weltgebäude befinden, oder spezieller in einem Nachbau des Himmels. Der Tempel wurde also gestaltet als ein der kosmischen Größe des Gottes adäquater Lebensraum". Und drittens erwähnt Kurth den Aspekt des magischen Denkens der altägyptischen Menschen, speziell den Analogiezauber: „Wenn mit den Mitteln des Kultes die kosmische Welt günstig beeinflußt werden soll, dann kann das nur in einer Nachbildung der kosmischen Welt geschehen, und zwar in einer solchen Tempel-Welt, die mit größter Sorgfalt der realen Welt nachgebaut, baulich intakt und kultisch reingehalten wird". Jede Priesterschaft errichtete ihrem Gott einen Welt-Tempel, so dass „das zunächst widersprüchliche Nebeneinander vieler

---

[2] Dieter Kurth, Treffpunkt der Götter, 1998, 183

[3] S. Hellmut Brunner, Altägyptische Religion, 1989 80

[4] S. Hellmut Brunner, Die südlichen Räume des Tempels von Luxor, 1977, 79ff

[5] Alle altägyptischen Säulen sind Pflanzensäulen.

[6] S. Hornung, Geist der Pharaonenzeit, 120f

derartig konzipierter Tempel in Ägypten" eine Erklärung findet.[7]

Luxor-Tempel – Kosmos und Kult

Dieter Arnold schreibt, dass der Luxor-Tempel in seinem komplexen Bau- und Dekorationsprogramm so viele unübliche Züge aufweise, „daß sich der Tempel für lange Zeit allen Deutungsversuchen der Ägyptologie entzog".[8] Neuere Untersuchungen weißen aber darauf hin, dass die Hauptfunktion des Luxor-Tempels in der zyklischen Wiederholung der Schöpfung zu sehen ist.[9]

Im Zuge des jährlich begangenen Opet-Festes[10] ermöglichten die in den „geheimen", südlichen Räumen des Tempels durchgeführten Welterneuerungsriten die Regeneration der ursprünglichen, göttlich eingerichteten Ordnung. Aus diesem Grund wurde der Luxor-Tempel auch als eine „Stätte des Ersten Males" bezeichnet, wobei der Ausdruck „Erstes Mal" (*sp tpj*) die Schöpfung meint.[11] Er war, so Arnold, „ein Ort der Entstehung der Welt. Der Tempel stand auf einem Urhügel. Hierher mußte Amunre am Jahrestag der Weltentstehung zurückkehren, um den Schöpfungsvorgang zu wiederholen und damit eine zyklische Erneuerung der Welt und seiner selbst zu bewirken".[12]

Der altägyptische Name des Luxor-Tempels (*jp3t*) wurde lange Zeit und wird auch immer noch falsch als „Harim" übersetzt. Tatsächlich lautet die Übersetzung des Namens aber „Allerheiligstes".[13] Der Luxor-Tempel war die – in Bezug auf den Karnak-Tempel - südliche (*rsjt*) Residenz Amuns. Amun zog während des Opet-Festes nicht aus Karnak nach Luxor, um hier eine „Heilige Hochzeit" zu feiern, wie immer wieder geschrieben wird. Diese Interpretation kann mittlerweile als veraltet betrachtet werden.[14] So war es auch nicht einfach „Amun", sondern Amun-Re von Karnak, der zum Luxor-Tempel zog, und zwar um Amenemopet von Luxor (*Jmn-m-jp3t*) zu begegnen - Hellmut Brunner sieht darin „eine interessante frühe Götterspaltung".[15]

Eine meiner Meinung nach sehr überzeugende Erklärung der diesbezüglichen „Ungereimtheiten" liefert Lanny Bell, der dem Luxor-Tempel als Kultbühne für das Opet-Fest eine ungeheure kosmische Bedeutung zuschreibt: Der „geheime", südliche Teil des Tempels war Amenemopet von Luxor geweiht, der nördliche Amun-Re von Karnak. Der Tempel diente also zwei verschiedenen Erscheinungsformen Amuns. Während des Opet-Festes vereinigte sich der lebende Herrscher mit dem Ka Amun-Res durch ein „Händeauflegen" des Gottes bei der rituellen Krönung des Königs. So wurde der Ka vom

---

[7] Dieter Kurth, in: Jan Assmann; Günter Burkard (Hgg.), 5000 Jahre Ägypten, 1983, 98f

[8] S. z.B. Eberhard Otto, Osiris und Amun, 1966, 93

[9] Dieter Arnold, Die Tempel Ägyptens, 1996, 127

[10] Zum Opet-Fest s.a. Gitta Warnemünde, in: Kemet 4, 2006, 27ff

[11] S. Siegfried Morenz, Ägyptische Religion, 1960, 175ff

[12] Arnold, Tempel Ägyptens, 128

[13] S. Gerhard Haeny, in: Byron E. Shafer (ed.), Temples of Ancient Egypt, 1998, 275, Anm. 91; s. Lanny Bell, in: Shafer, op.cit., 282, Anm. 2. Zum Zweifel an der Übersetzung „Harim" s. Brunner, Südliche Räume, 10ff. Schon früher übersetzte Otto (Osiris und Amun, 93) den Namen mit „das Abgelegene, das Verschlossene".

[14] S.a. Matthias Seidel, Regine Schulz, Ägypten, 2001, 312f

[15] Brunner, Südliche Räume, 11

Vater auf den Sohn übertragen und das Gottkönigtum erneuert.[16] Bei weiteren Erneuerungsriten, bei deren Durchführung die Öffentlichkeit ebenfalls ausgeschlossen war, wurde der wiedergeborene Amenemopet mit Amun-Re vereinigt, was nach Vollzug der geheimen Kulthandlungen im Luxor-Tempel als Regenerierung und Wiedergeburt des Sonnen- und Schöpfergottes öffentlich gefeiert wurde.[17] Die kosmische Bedeutung des Opet-Festes gründete sich auf der die Welt erhaltenen Erneuerung des Gottkönigtums und der Wiedergeburt Amun-Res.[18] Der Herrscher wurde rituell mit dem Sonnen- und Schöpfergott gleichgesetzt und war auf Erden der Garant für die (Neu-) Erschaffung und Erhaltung der göttlichen Ordnung.

Der Tempelkult hatte die Erhaltung des Kosmos zum Ziel – auch außerhalb der Feste bei der Durchführung der alltäglichen Rituale. Und der König war als erster Priester aller Priesterschaften in der Verantwortung, die Welt in Gang zu halten. Dieter Kurth beschreibt dieses Phänomen wie folgt: „In den Ritualszenen nähert sich der König dem Gott und bringt eine Gabe dar. Die Gabe kann in der Anbetung des Gottes bestehen; oder in der Darbringung eines Gegenstandes oder einer Figur, welche eine bestimmte göttliche Erscheinungsform und ein bestimmtes göttliches Wirken symbolisieren; oder in einer Demonstration, indem z.b. der König vor den Augen des Gottes einen Feind tötet. Doch es werden auch reale Gaben überreicht, wie Speisen, Getränke, Schmuck u.a.m.". Die Gottheit antwortet mit einer Gegengabe, so dass die Opfer des Königs bewirken, „daß die Welt, d.h. speziell die ägyptische Welt, intakt bleibt. So erwirkt der König in den Ritualszenen u.a. folgende Gaben der Götter: Bestand des kosmischen Himmels mit seinen Gestirnen; jährliche Wiederkehr der fruchtbringenden Nilüberschwemmung (auch Regen für die Äcker); Fruchtbarkeit des Bodens; Vernichtung der Feinde Ägyptens".[19]

Einer Gottheit eine Gabe darbringen zu können, war aber nur möglich, wenn diese Gottheit auch anwesend war. Aus diesem Grund, so Hellmut Brunner, war die eigentliche Aufgabe eines Tempels, „die Gottheit zu veranlassen, in ihrem Haus zu wohnen und dabei sowohl dem Lande ihren Segen zu spenden, ‚es zu ordnen', wie Gebete zu hören".[20] Ein altägyptischer Tempel war also eine Stätte der direkten Begegnung von Mensch und Gott - eine Schnittstelle zwischen dem Diesseits und dem Jenseits. In ihm zeigte sich das Göttliche und wurde dem Menschen zugänglich. In ihm konzentrierte sich – verdichtete sich - Heiligkeit.

Luxor-Tempel – Kosmos und Verwaltung

Ein altägyptischer Tempel war auch auf weltlicher Ebene ein Ort der Aufrechterhaltung der kosmischen Ordnung. In diesem Zusammenhang ist dabei besonders der Aspekt des gottgewollten Weltzustandes von Bedeutung. Denn jede vorgefundene Weltordnung musste aufrechterhalten werden. Das heißt, auch dann, wenn bestimmte Machtverhältnisse die Weltordnung so veränderten, dass sie sich deutlich von der bisherigen unterschied, symbolisierte sie doch immer die ursprüngliche, göttliche Ordnung mit dem Gottkönig als

---

[16] Bell, in: Shafer, op.cit., 173

[17] Der Luxor-Tempel galt als Geburtsort des Amun-Re von Karnak (s. Bell, in: Shafer, op.cit., 292, Anm. 91).

[18] Lanny Bells Theorie kann hier nicht ausgeführt werden. Das Thema ist zu komplex und würde den Rahmen sprengen. Wer sich detaillierter mit der in der deutschen Ägyptologie wenig diskutierten Theorie Bells auseinandersetzen möchte, der lese: Lanny Bell, in: JNES 44, 1985, 251ff; ders., in: Shafer, op.cit., 127ff

[19] Kurth, in: Assmann; Burkard, op.cit., 95ff

[20] Brunner, Altägyptische Religion, 87

Repräsentanten.[21]

Die verschiedenen Priesterschaften hatten nicht nur kultische Aufgaben zu erfüllen, sondern waren auch zuständig für die Erziehung und Ausbildung des Beamtennachwuchses, der später die wichtigsten Positionen im Staat, in den Tempeln oder im Militär besetzte. Die Weitergabe von Wissen erfolgte im so genannten Lebenshaus (pr-ᶜnh) eines Tempels. Und da es – zumindest in der Theorie – zwischen dem König und den Priesterschaften keine kontroversen Meinungen bezüglich der göttlich eingerichteten Ordnung gab, sorgte die Erziehung und Ausbildung in den Lebenshäusern für die Erhaltung der (jeweiligen) gottgewollten Harmonie.

Tempel waren auch Wirtschaftszentren, denen z.T. überaus große Ländereien angeschlossen waren. Hier fand die Umverteilung eines Großteils der vom Volk erwirtschafteten Güter statt.[22] Und auch diese Umverteilung festigte die göttliche Ordnung, zu der die vorhandenen hierarchischen Gesellschaftsstrukturen ebenso zählten wie die jeweilige Rechtsordnung. Tempel waren auch Gerichtsstätten, an denen Gottesurteile gefällt wurden.[23]

Exkurs: Luxor-Tempel und der Mensch

Wer über den Luxor-Tempel schreibt, darf meiner Meinung nach nicht vergessen, die Untersuchungen von René Adolphe Schwaller de Lubicz zu erwähnen. Er war kein Ägyptologe, sondern „Esoteriker" und findet - außer bei den (Luxor-) Tempelexperten wie etwa Hellmut Brunner oder Dieter Arnold - aus diesem Grund in der ägyptologischen Literatur praktisch keine Beachtung. Für Schwaller de Lubicz war der Mensch das Maß aller Architektur. Erik Hornung schreibt über ihn und seine Arbeiten am Luxor-Tempel: „Schwaller vergleicht die einzelnen Teile des Tempels mit dem menschlichen Körper, den er in den Grundriß des Tempels einzeichnet. Viel angefeindet und von der Ägyptologie weitgehend ignoriert, gebührt Schwaller doch das Verdienst, die bisher gründlichste Studie zum Luxor-Tempel vorgelegt zu haben; wer sich mit diesem Bauwerk beschäftigt, kann an seinen Aufnahmen nicht vorbeigehen".[24]

John Anthony West, ein „Anhänger" von Schwaller de Lubicz, beschreibt in seinem durchaus lesenswerten Reiseführer den Luxor-Tempel als einen auf magischer Ebene lebenden Organismus und „Tempel des Menschen".[25] Eine interessante Sichtweise zwar, der ich mich aber nicht anschließen kann. Dennoch möchte ich - stark verkürzt - aufzeigen, welche Räumlichkeiten des Luxor-Tempels mit dem menschlichen Körper in Beziehung gesetzt werden: Der erste Hof sei dem Unterschenkel, die Kolonnade dem Oberschenkel geweiht, der zweite Hof und das Hypostyl werden mit dem Rumpf identifiziert (Geschlechtsorgan, Nabel, Rückenwirbel, Herz etc. werden mit den außen und innen angebrachten Reliefs in Beziehung gesetzt), die Barkensanktuare und die südlichen Räume mit dem Allerheiligsten seien dem Kopf geweiht; der quer zur Achse liegende Zwölf-Säulensaal den Augen, das Allerheiligste

---

[21] Bell (in: Shafer, op.cit., 128) bringt es auf den Punkt: „Maᶜat codified the cultural status quo". Zur göttlichen Ordnung s.a. Sabine Neureiter, Eine neue Interpretation des Archaismus, in: SAK 21, 1994, 250ff

[22] S.a. Barry J. Kemp, Ancient Egypt, 1991, 191ff

[23] Die Lager- und Wirtschaftsräume, die Wohnungen der Priester und die sonstigen „profanen" Räumlichkeiten des südlichen und westlichen Bereichs des Tempelbezirks von Luxor wurden im Laufe der Jahrtausende vom Nil weggespült, die übrigen Bereiche liegen heute zum großen Teil unter der modernen Stadt begraben.

[24] Erik Hornung, Das esoterische Ägypten, 1999, 181

[25] John Anthony West, Die Heiligtümer des Alten Ägypten, 2002, 332ff

dem Gehirn, wobei sich das Cranium des Schädels außerhalb des Tempels befinde. Der Grund dafür sei, dass in diesem Bereich des Gehirns der Wille entstehe und sich also das Ego befinde. Der Tempel stehe aber für den Menschen als göttliches Prinzip, daher die bewusste Abtrennung der Egofunktion nach außerhalb. Die drei Schreine des Allerheiligsten werden mit der Hirnanhangdrüse, der vorderen und hinteren Hypophyse und der Zirbeldrüse in Beziehung gesetzt und seien der physiologische Ausdruck der göttlichen Schöpferkraft. Hier verwandle Amun Geist in Fleisch. „Ziel der Erbauer war keine bloße Reproduktion der menschlichen Gestalt, was sowieso nicht zu machen gewesen wäre. Vielmehr verstanden sie den Menschen als Verkörperung der Schöpfungsgesetze, und die Funktionen der verschiedenen Körperteile wurden als Manifestationen kosmischer Funktionen begriffen".[26] Der Luxor-Tempel sei „eine von Menschenhand ausgeführte steinerne Wiedererschaffung der metaphysischen und kosmischen Gesetze der Ur-Schöpfung".[27] Auch Schwaller de Lubicz interpretiert also den Tempel als Kosmos.

Schluss

Der Alttestamentler Klaus Koch meint in Bezug auf den Amun-Tempel von Karnak, er repräsentiere „von innen her das All", mit seinen Säulenhallen, die den Sumpf darstellten, und dem Naos, der das Himmelsinnere abbilde. Er schreibt weiter: „Der Gesamtbau hat also kosmische Dimensionen, ob er allerdings das Abbild des Kosmos darstellt, wie häufig vermutet wird, bleibt fraglich".[28] Koch hat meiner Meinung nicht verstanden, dass mit dem Begriff Kosmos nicht die Welt, wie wir sie kennen oder wie sie die Altägypter gekannt haben, gemeint ist. Diese menschliche, profane, vergängliche Welt war es sicher nicht, die ein Tempel abbildete. Zumal sicherlich kein Ägypter des Neuen Reiches, erst recht kein „Großstädter" aus Theben, sich die Welt als einen Sumpf vorgestellt haben wird. Jeder wird gewusst haben, dass es sich bei dem für die Ewigkeit aus Stein erbauten Sumpf nicht um die Welt der erfahrbaren Gegenwart handelte, sondern um den Weltzustand, der der Schöpfung unmittelbar folgte; um die göttlich eingerichtete Ordnung bei der Schöpfung aus dem Chaos, aus der Unordnung, aus dem Nichts heraus. Und dieser urzeitliche Weltzustand stellte sich der altägyptische Mensch als „Goldenes Zeitalter" vor: „... als Maat aus dem Himmel zur Erde gekommen war, damit sie sich mit allen Göttern vereine, als es Nahrung und Speise in unermeßlicher Fülle gab, als noch nicht das Unrecht in diesem Lande war, als das Krokodil noch nicht zupackte und die Schlange noch nicht biß, in der Zeit der uranfänglichen Götter".[29]

Ein Tempel war sicherlich keine Abbildung „konkreter" kosmischer Dimensionen. Ein Tempel war ein Abbild der ursprünglichen, alles durchdringenden aber flüchtigen göttlichen Harmonie und ein Ort, an dem diese aufrechterhalten wurde. Der Luxor-Tempel war als Sakralbau nicht nur die steinerne, sondern als Institution auch die kultische und die bürokratische Umsetzung des ursprünglich eingerichteten Kosmos; er war ein vierdimensionales – in den Raum und in die Zeit wirkendes – Symbol für den göttlich sanktionierten Weltzustand.

---

[26] West, Heiligtümer, 343

[27] West, Heiligtümer, 355

[28] Klaus Koch, Geschichte der ägyptischen Religion, 1993, 288

[29] Kurth, Treffpunkt der Götter, 187f

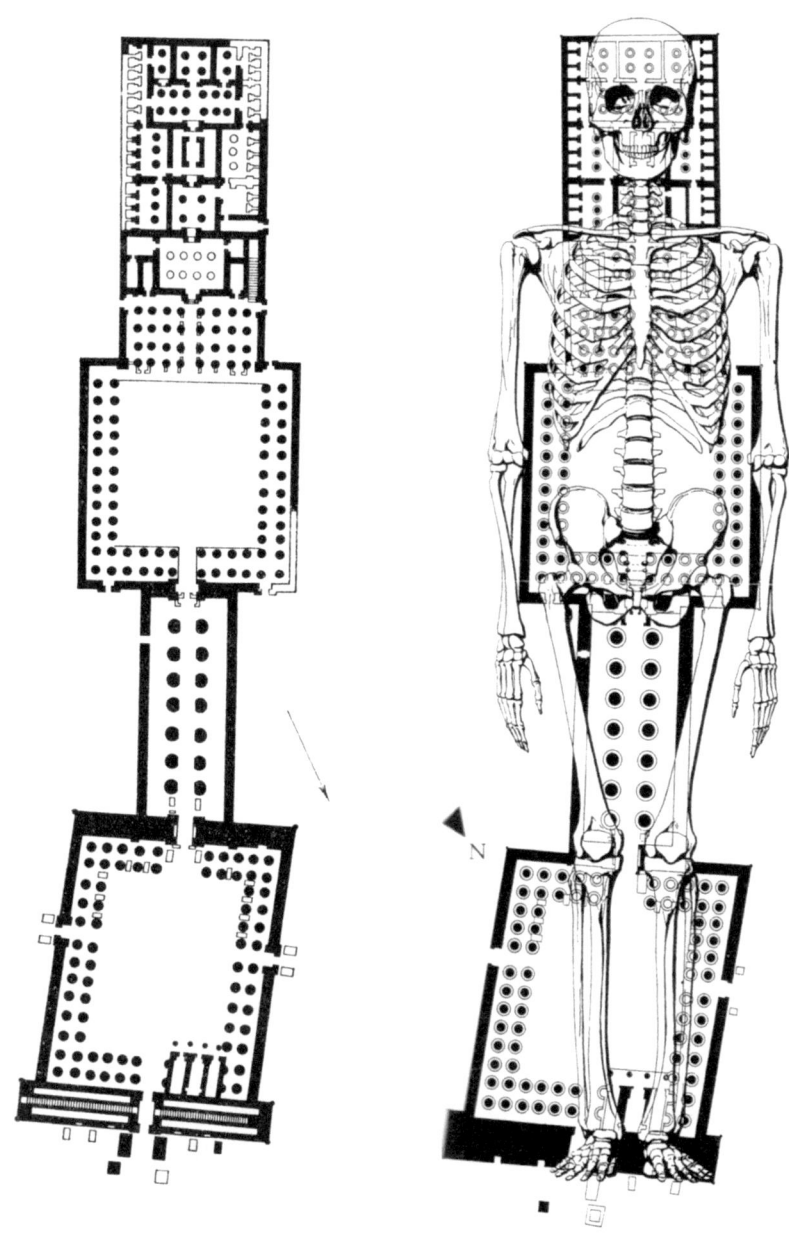

N